Armin Täu

Fensterbilder für Kinderhand

Weihnachtliche Motive

Frech-Verlag Stuttgart

Für eine gewerbliche Nutzung der gezeigten Modelle ist die Genehmigung des Verlags erforderlich.

Auflage: 5. 4. 3. | Letzte Zahlen
Jahr: 1994 93 92 91 90 | maßgebend

ISBN 3-7724-1374-9 · Best.-Nr. 1374

frech-verlag
GmbH + Co. Druck KG Stuttgart
Druck: Frech, Stuttgart 31

Fast jedes Fenster ist zur Weihnachtszeit geschmückt. Mit Lichterketten, Strohsternen und – vor allem – mit Fensterbildern.

Für Kinder ist Tonkarton ein ideales Bastelmaterial. Es lassen sich tolle Motive in prächtigen Farben herstellen. Der Aufwand und die Kosten sind gering. Und wer sich nicht entscheiden kann, hängt an jedem Adventssonntag ein neues Bild ins Fenster.

Die überwiegende Zahl des Fensterschmucks ist so gestaltet, daß er problemlos von Kindern ohne Mithilfe der Erwachsenen nachgearbeitet werden kann. Ein Schneidemesser ist nicht nötig.

Also, lassen Sie Ihre Kinder selbständig basteln! Sicher haben sie auch einige Abwandlungen und Ideen parat, um die Fensterbilder nach ihrem Geschmack zusätzlich zu gestalten.

Ihr Armin Täubner

Auch Schneemänner mögen Luftballons

1. Bei dem runden Rahmen schneidest Du zuerst mit der Nagelschere die Innenfläche heraus, bevor Du den äußeren Rand nachschneidest.
2. Klebe die Schneefläche (gestrichelte Linie) auf den Ring und steche auf der gegenüberliegenden Seite das Aufhängeloch mit einer Nadel ein.
3. Dem Schneemann wird zuerst die Möhrennase angeklebt. Nun kann das Gesicht aufgemalt werden. Anschließend werden Mütze (durchgezogene Linie) und Schal aufgeklebt.
4. Die beiden Luftballons am Rahmen anbringen.
5. Beklebe die Rückseite des Fensterbildes mit weißem Transparentpapier.
6. Zeichne mit schwarzem Filzstift die Luftballonschnüre auf den Arm des Schneemannes und das Transparentpapier.

Weihnachtsmann-Stern

1. Vom Stern mußt Du zwei Schablonen anfertigen, eine größere (durchgezogene Linie) und eine kleinere Sternschablone (gestrichelte Linie).
2. Aus rotem Karton wird der größere Stern und aus weißem Karton der kleinere Stern ausgeschnitten. Beide Sterne klebst Du so aufeinander, daß ein weißer Stern mit einem schmalen roten Rand entsteht.
3. Klebe nun den Weihnachtsmann zusammen. Auf dem roten Körper (durchgezogene Linie) wird zuerst das Haar-/Bartteil (gestrichelte Linie) und nun das rosa Gesicht (punktierte Linie) befestigt. Der Platz des Weihnachtsmannes befindet sich genau in der Sternmitte. Jetzt fehlen nur noch der Geschenksack und die Hand mit dem aufgeklebten Ärmelsaum.

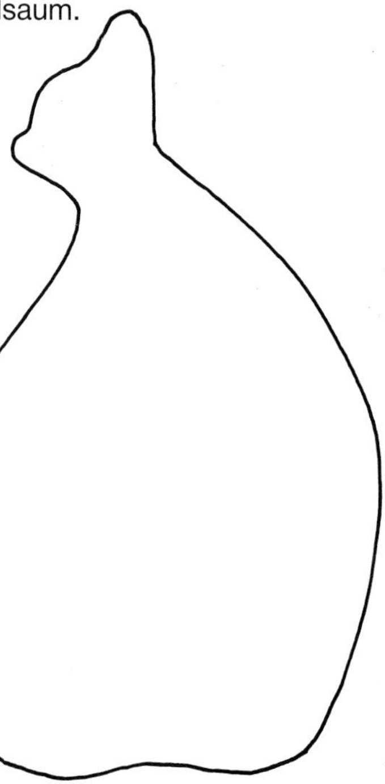

Vorlage für den Stern-Rahmen auf dem Vorlagenbogen.

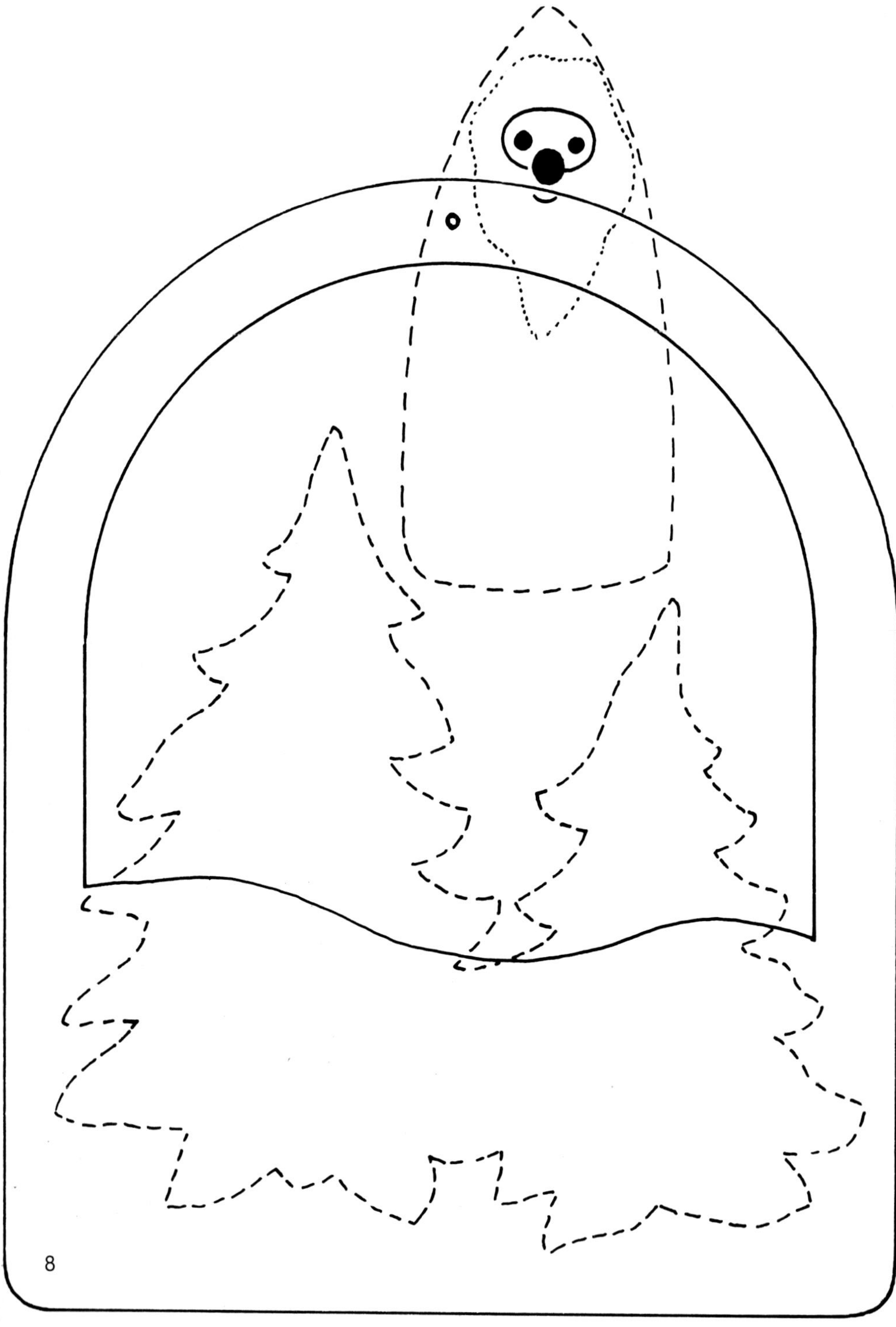

Hallo! Hier bin ich

1. Schneide aus dem weißen Rahmen (durchgezogene Linie) mit der Nagelschere die Innenfläche heraus.
2. Die beiden miteinander verbundenen Tannen müssen doppelt ausgeschnitten werden.
3. Klebe ein Tannenpaar von vorne auf den Rahmen.
4. Nun wird der Weihnachtsmann von hinten zwischen die beiden Tannen geklebt.
5. Das andere Tannenpaar klebst Du von hinten auf den Weihnachtsmann. Jetzt ist er rundum von Tannenbäumen umgeben.
6. Auf dem weißen Haar-/Bartteil wird das rosa Gesicht befestigt und Augen, Mund und Nase mit Filzstift aufgemalt.
7. Klebe nun das Haar-/Bartteil auf den Weihnachtsmann.

Hier, mein Weihnachtsbaum

1. *Tannenbaum:* Schneide zuerst die Innenfläche des Tannenbaumes mit einer Nagelschere heraus. Ist dies geschehen, kann der äußere Rand nachgeschnitten werden.

2. *Weihnachtsmann:* Die weißen Mantelsäume mußt Du doppelt ausschneiden. Sie werden auf Vorder- und Rückseite des Weihnachtsmannes angeklebt. Auf das weiße Haar-/Bartteil malst Du mit rotem und schwarzem Filzstift das Gesicht auf. Dies ist einfacher, wenn Du das Gesicht leicht mit Bleistift vorzeichnest und mit Filzstift nachmalst.

3. Klebe den Weihnachtsmann wie auf dem Bild auf den Tannenbaum.

4. Wenn Dir die Sterne beim Ausschneiden Schwierigkeiten bereiten, kannst Du statt dessen auch Christbaumkugeln, das heißt kleine rote Kartonscheiben aufkleben.

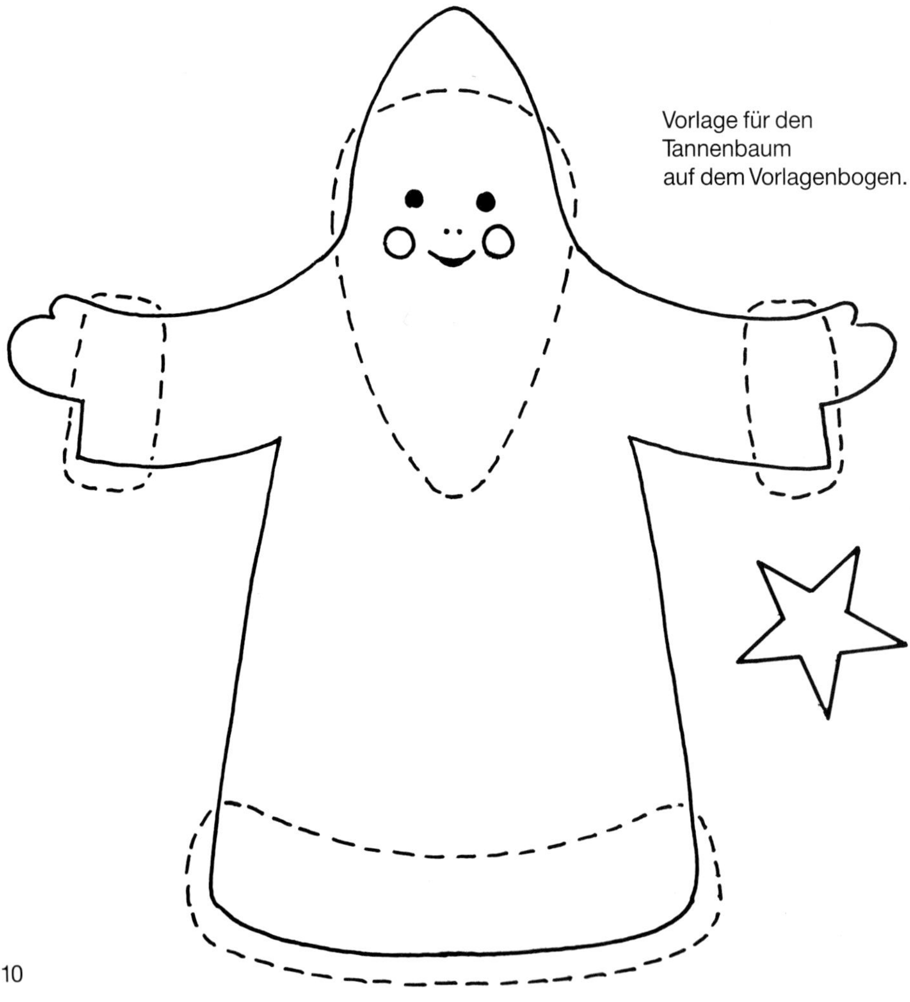

Vorlage für den Tannenbaum auf dem Vorlagenbogen.

Alle werden satt

1. Zuerst schneidest Du das braune Holzgestell der Futterkrippe aus (gestrichelte Linie). Klebe das schneebedeckte Dach darauf. Das Heu von hinten an der Futterkrippe befestigen.

2. Die fertige Futterkrippe auf die große weiße Schneefläche kleben.

3. Zum Ausschneiden der Tiere nimmst Du am besten eine Nagelschere. Die Tiere kannst Du wie auf dem Bild anordnen. Vergiß nicht, die Augen mit schwarzem Filzstift aufzumalen.

Engel, Mond und Sterne

1. Wenn Du alle Teile ausgeschnitten hast, klebst Du zuerst den Mond und zwei Sterne an und auf die Wolke.
2. Den dritten Stern klebst Du am Arm des Engels fest.
3. Nun werden die Aufhängelöcher eingestochen und der Engel an der Wolke befestigt.

Ein Engel als Weihnachtsmann

1. Alle Teile ausschneiden. Nun klebst Du auf das rote Rumpfteil (durchgezogene Linie) das weiße Haarteil (gestrichelte Linie). Darauf wird nun das rosa Gesicht (punktierte Linie) befestigt. Klebe anschließend den weißen Mützenrand (punktierte Linie) und den Mantelsaum (gestrichelte Linie) an.

2. Den Engel klebst Du auf die Wolke. Jetzt fehlt nur noch der Sack und die beiden Hände.

Geschmückte Adventszweige

Abbildung links

1. Schneide zuerst die Zwischenräume der Zweige (durchgezogene Linie) mit der Nagelschere heraus, dann den äußeren Umriß nachschneiden. Nun kannst Du die Zweigränder einschneiden, um die Tannennadeln anzudeuten.

2. Aus der Schleife (gestrichelte Linie) können die beiden Öffnungen mit der Nagelschere herausgeschnitten werden. Wenn das zu schwierig ist, klebst Du einfach zwei kleine, grüne Kartonstücke, die genauso groß sind wie die Öffnung, auf die Schleife.

3. Zum Schluß werden noch Sterne, Äpfel und Nüsse angeklebt.

Ein wunderschöner Weihnachtsbaum

Abbildung auf Seite 20

1. Den roten Christbaumständer mußt Du doppelt ausschneiden und auf die Vorder- und Rückseite des Tannenbaumes kleben.

2. An die Baumspitze klebst Du, ebenfalls auf beiden Seiten, den roten Stern und stichst gleich mit einer Nadel ein Aufhängeloch ein.

3. Jetzt werden auf die Vorder- und Rückseite die brennenden Kerzen aufgeklebt. Jede Kerze besteht jeweils aus drei Teilen. Klebe zuerst den weißen Kerzenschein auf den Baum, dann die Kerze und zum Schluß noch die gelbe Flamme.

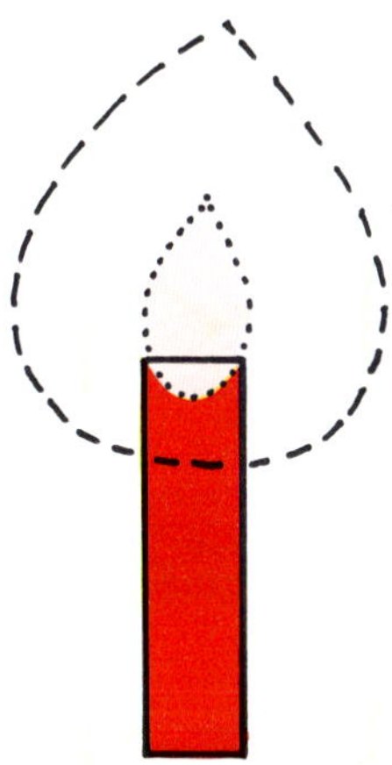

Advent, Advent, ein Lichtlein brennt

1. Beginne damit, die gelbe Flamme auf die rote Kerze zu kleben. Von hinten werden der weiße Kerzenschein und der Kerzenständer angebracht.
2. Klebe die Kerze in die Mitte des Tannengrüns. Verteile die Herzen und die Sterne auf dem Tannenzweig und klebe sie an.

Die Heiligen Drei Könige sind da

1. Die Umhänge der drei Könige und ihre Hände sind, bis auf die Farbe, alle gleich. Du mußt also jeweils nur eine Schablone für die Umhänge und die Hände anfertigen.

2. Auf den weißen Umhang des Mohrenkönigs klebst Du zuerst den Kopf, das rote Mittelteil des Turbans (punktierte Linie) und schließlich den weißen Rand (gestrichelte Linie).

3. Bei den beiden anderen Königen klebst Du zuerst das schwarze bzw. das braune Haarteil auf. Darauf werden die Gesichter und schließlich die Kronen befestigt. Jetzt werden die Hände angeklebt.

4. Ordne die Könige auf dem blauen, bogenförmigen Karton so an, daß darüber der Bethlehemstern noch befestigt werden kann.

Hoch in den Wolken

1. Stelle von allen Teilen Schablonen her. Vergiß nicht, die vier Einstichlöcher anzuzeichnen.
2. Wenn alle Teile ausgeschnitten und die Löcher eingestochen sind, klebst Du den Engel (gestrichelte Linie) auf die Wolke. Jetzt können Haar (punktierte Linie) und Arm angeklebt werden. Vor dem Engel wird die Kerze angebracht.
3. Die Sterne an der Wolke anknoten. Die Fadenlänge sollte bei allen Sternen etwa gleich sein.

Ob das wohl der Schlitten vom Weihnachtsmann ist?

1. Zeichne mit dem Zirkel einen Kreis mit einem Radius von 10 cm auf blauen Karton und schneide die Kartonscheibe aus.
2. Die weiße Schneefläche auf die blaue Kartonscheibe kleben.
3. Beim Ausschneiden des Schlittens schneidest Du am besten zuerst die rechteckige Innenfläche heraus. Dabei stichst Du mit einer spitzen Schere in der Mitte dieser Fläche ein und arbeitest Dich dann langsam bis zum Schlitten vor.
4. Der Schlitten kann nun mit den mit Filzstift verzierten Päckchen und dem Sack aufgeklebt werden.

Passend zur roten Nase eine rote Melone

1. Schneide mit einer Nagelschere die Innenfläche aus dem weißen Rahmen heraus. Anschließend kann der äußere Rand nachgeschnitten werden.
2. Klebe die Tannen auf den weißen Rahmen. Steche das Aufhängeloch ein.
3. Klebe den Schneemann erst dann auf die Tannen, wenn er fertig zusammengeklebt ist. Zuerst wird die Möhrennase angefertigt und das Gesicht mit Filzstift aufgemalt.
4. Nun folgt das untere Teil des Hutes (durchgezogene Linie) und dann das Oberteil (gestrichelte Linie).
5. Am Hals wird vom Schal ebenfalls zuerst das Teil mit der durchgezogenen Linie angeklebt. Anschließend werden das gestrichelte Schalteil und die beiden Arme befestigt.

In den Wolken schweben

1. Aus der Wolke schneidest Du mit einer Nagelschere die kleinere wolkenförmige Öffnung heraus.

2. Beklebe die Wolke mit Mond und Sternen. Beim Ausschneiden des Engels nimmst Du ebenfalls die Nagelschere. Der Engel wird an einem Faden in der Öffnung befestigt.

Lustige Schlittenfahrt

1. Aus dem weißen Rahmen schneidest Du mit der Nagelschere die Öffnung heraus.

2. Nun kannst Du den Schlitten ankleben. Der daraufsitzende Junge besteht aus drei Teilen. Auf den blauen Körper (durchgezogene Linie) werden der Arm und das rosa Gesicht geklebt. Mit schwarzem Filzstift kannst Du die Säume von Hose, Ärmel und Kapuze aufmalen.

3. Zum Schluß klebst Du noch die beiden Tannen auf.

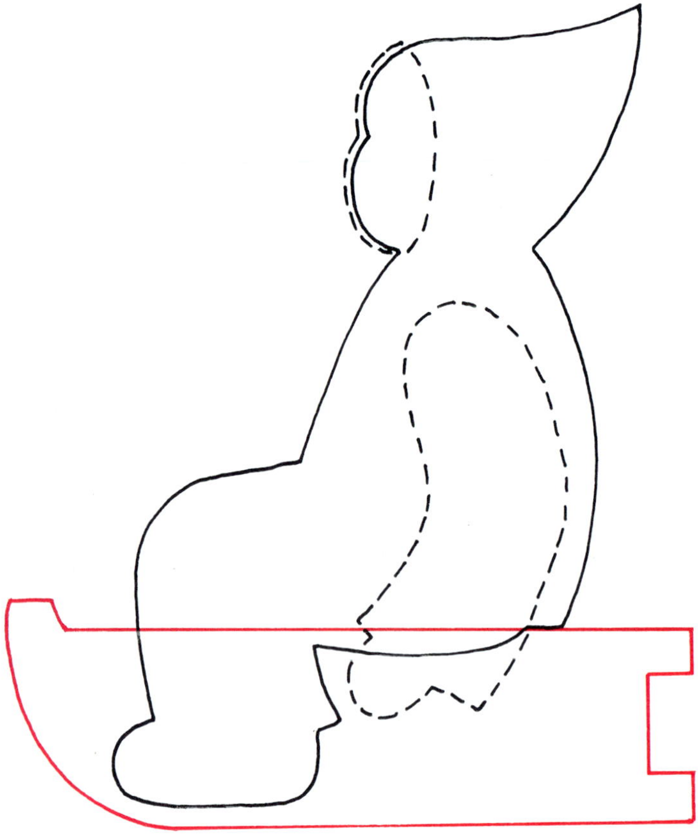

Zu zweit getragen, wiegt er nur die Hälfte

1. Auf die großen, weißen Schneeflächen klebst Du zuerst die größere Tanne.
2. Schneide alle Teile des Weihnachtsmannes zweimal aus. Anschließend klebst Du beiden Weihnachtsmännern die Bärte (gestrichelte Linie) an. Ordne die Weihnachtsmänner hintereinander auf der großen Schneefläche an und klebe sie auf.
3. Nun wird die kleine Tanne mit dem Stamm auf die Schulter des vorderen Weihnachtsmannes gelegt. Die Arme ankleben.

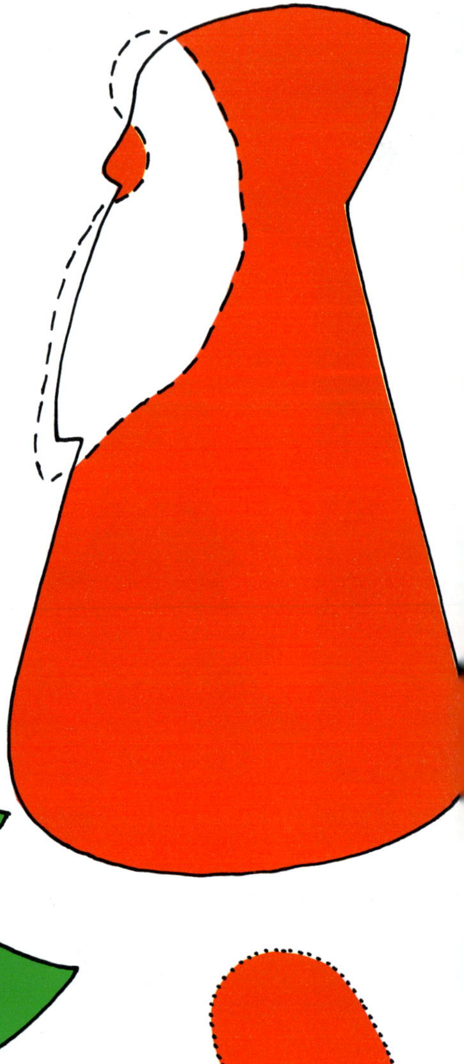

Herzensengel

1. Zeichne mit Lineal und Bleistift einen senkrechten, dünnen Bleistiftstrich mitten durch das Herz. Auf diese Linie klebst Du zuerst die gelbe Kerze und darauf die weiße Flamme. Nun kannst Du den Bleistiftstrich wieder ausradieren.
2. Bevor Du die Engel auf dem Herz anordnest, klebst Du sie zusammen, das heißt, an den weißen Körper (gestrichelte Linie) werden noch Haar und Kleidersaum (punktierte Linien) angeklebt.

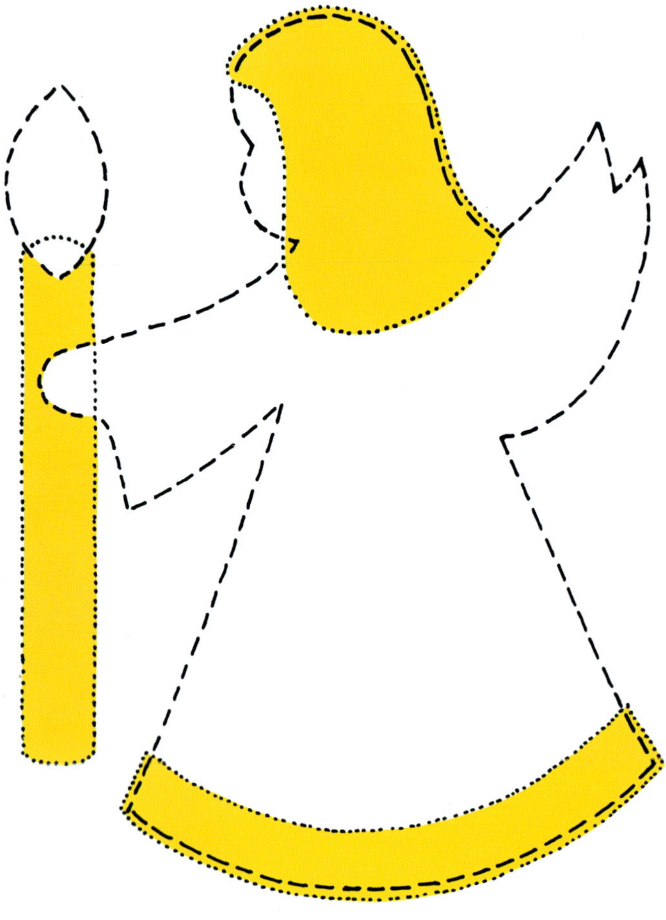

Schleifenherz

1. Beim Herstellen der Schleifen- und Herzschablonen muß Dir eventuell Deine Mutter helfen. Schwierig ist vor allem das Herausschneiden der beiden Schleifenöffnungen. Dabei gehst Du so vor: Mit einer Nagelschere stichst Du in die Mitte der kleinen Flächen ein, die Du herausschneiden willst. Nun schneidest Du eine kleine Öffnung hinein und vergrößerst sie immer mehr, bis sie so groß ist, wie Du sie haben willst.

2. Sind die Einzelteile später auch aus farbigem Karton ausgeschnitten, klebst Du die Schleife auf das Herz.

3. Steche nun die Aufhängelöcher ein und binde den Stern und die Herzen an. Achte darauf, daß die Fäden nach dem Anknoten bei allen drei Herzen etwa gleich lang sind.

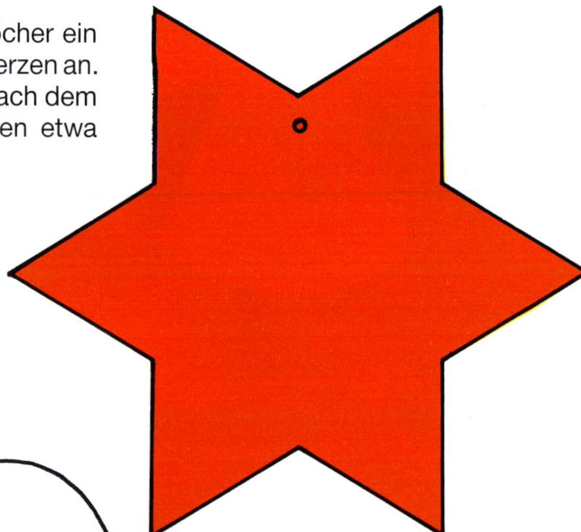

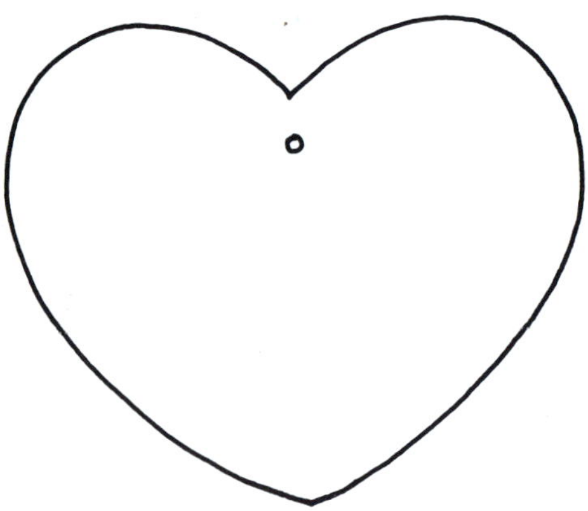

Und das ist mein helfender Engel

1. Zeichne mit dem Zirkel auf blauen Karton einen Kreis mit dem Radius 12 cm. Schneide die Kartonscheibe aus.

2. Von allen Teilen Schablonen herstellen. Auf den roten Körper klebst Du beim Weihnachtsmann zuerst das weiße Haar-/Bartteil und bei seinem Engel das Haar. Nun können die mit Filzstift bemalten Gesichter aufgeklebt werden.

3. Der Weihnachtsmann erhält noch weiße Ärmelsäume, sein Engel einen weißen Mützensaum und zwei rosa Hände.

4. Klebe die beiden zusammen mit dem Geschenksack und vielen Schneeflocken auf die blaue Kartonscheibe.

Sternenengel

1. Fertige zwei Schablonen des Sterns an. Eine größere (durchgezogene Linie) und eine kleinere (gestrichelte Linie).

2. Der größere Stern wird aus blauem Karton ausgeschnitten, der kleinere Stern aus gelbem Karton. Klebe den gelben Stern auf den blauen Stern, so daß nur noch ein schmaler, blauer Rand zu sehen ist.

3. Von den Einzelteilen des Engels Schablonen herstellen.

4. Der Engel, den Du später in die Sternmitte klebst, wird zuvor zusammengeklebt. An den Engelskörper (durchgezogene Linie) werden von hinten die Flügel (gestrichelte Linie) und von vorne Gesicht und Hände (punktierte Linien) befestigt.

Auch die Rehe hat er nicht vergessen

Auf die weiße Grundform, die den Umriß des ganzen Fensterbildes umfaßt (durchgezogene Linie) die braune Hauswand (gestrichelte Linie) und darauf die beiden Tannen (punktierte Linien) kleben. Anschließend den Weihnachtsmann und davor die Rehe und das Heubüschel fixieren.

Wir sausen den Berg hinab

Von allen Teilen Schablonen anfertigen. Schlitten, Kopfbedeckungen und Schal doppelt, die übrigen Teile einmal ausschneiden. An den Schneemännern beidseitig Kopfbedeckungen und Schal ankleben. Augen, Mund und Nase mit Filzstift aufmalen. Mit weißem Transparentpapier den Rahmen hinterkleben. Die Schneemänner zwischen die beiden Schlittenteile kleben. Wolken und Schlitten fixieren.

Stille Nacht, Heilige Nacht

1. Schneide zuerst den Krippenstall aus braunem Karton entlang den durchgezogenen Linien aus. Die freien Flächen zwischen den Balken schneidest Du mit einer spitzen Schere heraus.
2. Die Schneeflächen (gestrichelte Linie) auf dem Dach und vor dem Stall werden jeweils zweimal benötigt und auf Vorder- und Rückseite des Stalles angeklebt.
3. Maria: Auf den blauen Umhang klebst Du das rote Armteil und das Gesicht.
4. Josef: An seinem roten Körper (gestrichelte Linie) klebst Du immer auf Vorder- und Rückseite den Umhang (durchgezogene Linie) den Kopf (punktierte Linie) und den Hut (durchgezogene Linie).
5. Jesuskind: Auf den gelben Heiligenschein wird der runde Kopf des Kindes geklebt. Nun befestigst Du beides auf der Krippe und klebst schließlich noch die weiße Decke so darauf, daß Kopf und Heiligenschein halb verdeckt werden.
6. Maria, Josef und das Jesuskind werden nun wie auf dem Foto angeordnet und am Stall befestigt.
7. Ganz zum Schluß klebst Du noch den Stern an das weiße Stalldach.

Auswahl aus ca. 500 TOPP-Titeln

Mit Papier gestalten

1099 Wurst, Papier falten und kleben
1199 Tiggelaar, Origami
1093 Lütkebohmert, Laternen
1263 Chatani, Japan. Papierkunst
1124 Holl, Fensterbilder aus Tonkarton
1213 Täubner, Kinderleichte Fensterbilder
1259 –, Fensterbilder nach Kinderliedern
1233 Mein schönstes Fensterbild

Mit Farbe gestalten

601 Gaißer, Papierbatik
767 Gaißer, Marmorieren
1061 Braren, Aquarellmalerei Einführung
1162 Braren, Aquarellmalerei Blumen
1223 Braren, Aquarellmalerei Wasser
1220 Erd, Blumenmalerei auf Leinen
900 Stähle, Kalligraphie

Plastisch gestalten

1094 Zechlin, Modellieren mit Kindern
868 Hettinger, Salzteig, neue Ideen
1002 Buresch, Salzteig, Schritt für Schritt
1133 Salzteig – Schönste Modelle
858 Kaupisch, Freizeittöpfern
1187 Kleinschnittger, Kreative Keramik
1262 Hartter, Keramisches Formen
1125 Müller, Ton mit Pflanzen gestalten
1143 Limpke, Freie Tonplastiken
1266 Koers, Türschilder getöpfert
1287 Limpke, Gartenfiguren aus Ton
1200 Koers, Uhren selbstgetöpfert
1145 Hartter, Speckstein

Mit Blumen gestalten

880 Matsunaga, Ikebana nach Moribana
1008 Frank, Gepreßte Naturschönheiten
1136 Holl, Naturnahe Trockensträuße
1092 Holl, Natur-Collagen 2
1095 Walz, Kränze als Heimschmuck
1212 Holl, Tür- und Wandkränze
1066 Schwarz, Biedermeiergebinde
1180 Glende, Zimmerschmuck mit Vögeln
934 Weindl, Schmuckhüte u. and. Ideen
1252 Kumpfmüller, Raumschmuck/Beeren
1253 Holl, Beeren und Früchte
1291 Holl, Floristische Fensterhänger

Mit Naturmaterial gestalten

1179 Zöller, Zapfen und Samen
713 Fleischer, Peddigrohr, prakt./dekor.
1218 Maki, Mit Peddigrohr werken
953 Walz, Heimschmuck aus Stroh
899 Walz, Basteln mit Span
545 Kühnemann, Steine geklebt + bemalt
817 Roll, Bemalte und bedruckte Steine

Mit Holz gestalten

1096 Weiss, Basteln mit Sperrholz
1068 Wieser/Weller, Holzschnitzen
528 Jeep, Kerbschnitzen
585 Wilhelm, Drechseln für jedermann
881 Wilhelm, Drechseln Mappe 1
525 Adam, Intarsien, Einlegearbeiten
642 Lumm, Brandmalkunst
931 Grauwiller, Brandmalerei-Dekore
927 Glende, Orig. a. Wäscheklammern
718 Lumm, Volkskunst Bauernmalerei
530 Kühnemann, Bauernmalerei, Einf.
829 Gratzl, Spanschachteln, Mappe 13
841 Stegmaier, Truhen..., Mappe 14
867 Erd, Kleine Geschenke, Mappe 16
1059 Erd, Naturnahe Blumenmalerei, M 20

Pflanzen- und Gartenhobby

1144 Vocke, Hydrokultur
1176 Schurr, Fuchsien – Anzucht, Pflege
1085 Heuzeroth, Bauerngarten
1022 v. Hennet, Naturteich im Garten
1258 Saucède, Der kleine Botaniker

Glasmalen und Porzellan

612 Khan-Leonhard, Hinterglasmalerei
875 Stegmaier, Hinterglasmalerei, M 5
647 Reinhardt, Transparente Glasmalerei
702 Brunner, Glasritzen
765 Kühnemann, Glasritzen, 182 Motive
766 Lumm, Glasritzschule, Mappe
777 Kühnemann, Glasätzen
804 Pratsch, Glasbilder nach Tiffany
855 Pratsch, Lampen in Tiffany-Technik
944 Pratsch, Tiffany 5 – Spiegel
1097 Lembke, Tiffany-Schmuck
1115 Pratsch, Geschenke aus Glas
1134 Prössl, Tiffany 21 – Uhren
1173 Pratsch, Tiffany 22 – Fenster
1197 Dietenmaier, Tiffany-Glasdosen
1177 Porzellanmalerei-Grundwissen
803 Lumm, Porzellan-Malschule
935 Kesten, Porzellanmalerei
1139 Hillebrecht, P'malerei Diffusionstech.
1188 Meichtry, Porzellanmalen Lüstertech.

Textiles Werken

692 Riedl, Bildweben mit Kindern
832 Frankl, 124 Strickmuster
621 Buchwald, Pompons
611 Zechlin, Wollreste
958 Sorger, Stickerei als Volkskunst
948 Frankl, Spitzen für Taschentücher
1072 Harms, Bordenstickerei
1077 Brüggemann, Hardanger Stickerei
639 Spandl, Kreuzstich
744 Bellon, Klöppeln – kleiner Lehrgang
898 Bellon, Klöppeln, Mappe 5
791 Graff-Höfgen, Occhi – Einführung
674 Walz, Makramee-Blumenampeln
810 Glende, Applikationen
1163 Woisin, Patchwork
1215 Haid/Rensing, Fensterbilder aus Tüll
705 Buchwald, Basteln mit Filz

Stoffe färben/Seidenmalen

633 Wildschütte, Batiken – Lehrgang
849 Kühnemann, S'.malen Grundtechn.
1024 Sakai, Seidenmalerei Mappe 7
971 Keller, Seidenmode, handbemalt
1063 Fausel, Krawatten aus Seide, bemalt
1062 –, Seidenmalerei f. Tücher u. Kleidung
1230 –, Seidenmalerei für Tücher 2
1146 Kühnemann, Seidenmalerei – Kissen
1193 –, S'malen Schmuck, Karten, Miniatur.
1222 –, Seidenmalerei Landschaften
1167 Ottelart, S'malen neue Techniken
1255 Bieber, Aquarell auf Seide
1257 Troschke, Stoff-Marmorierkunst
1272 Wullschleger, Schirme bemalen
949 Gaißer, Marmorieren auf Seide

Puppen + Spieltiere

1027 Reinckens, Puppen zum Liebhaben
1067 Franck, Schweizer Stoffpuppen
987 Franck, Puppengarderobe 2
776 Wittke, Gestrickte Handspiel-Puppen
896 Wolters, Exquisite Puppen modelliert
1108 Buresch, Werkbuch für Künstler-Puppen-Macher
938 Seyd, Porzellanpuppen
968 –, Stilvolle Puppenkleidung 1
1052 –, Puppenkleidung für Babypuppen
1053 –, Puppenkldg. f. Charakterpuppen
1236 –, Puppendoktor
967 Bardehle, Hexen
1048 Haid, Clowns aus eigener Werkstatt
1142 Sanladerer, Masken als Dekoration
996 Buchhalter, Milieu-Figuren
1164 Koetzle, Zauberhafte Marionetten
964 Walz, Spieltiere 1 (Plüsch)
863 Wittke, Gestrickte Handspiel-Tiere

Modische Accessoires

985 Terhoeven, Exquisiter Modeschmuck
1148 Hettinger, Schmuckboutique
1228 Hettinger, Schmuckboutique 2
1261 Ohmann, Schmuck Schritt für Schritt
1269 Ohmann, Schmuck-Trends 1
1097 Lembke, Tiff.-Schmuck-Kreationen
1292 Waldhaus, Gürtelschließen

Weihnachten/Ostern

1026 Wurst, Adventskalender Neue Ideen
1156 Zechlin, Weihn. Basteln mit Kindern
1224 Wetzel, Kinder basteln f. Weihnachten
1286 Walz, Adventlicher Raumschmuck
1297 Niesseler, Kerzen im Advent
1298 Holl, Basteln f. das Weihnachtsfest
843 Walz, Weihnachtliches aus Stroh
1088 –, Festliche Sterne aus Goldfolie
1158 Werner, Weihnachtliche Fensterbilder
1239 Möller, Fensterbilder im Advent
1279 Täubner, Weihn. für's Fenster
1281 –, Transp. Fensterbilder Weihnachten
1283 –, Neue Fensterbilder für Winter
1289 –, Weihnachtskarten
1284 Walz, Weihnachtsengel
1285 Haid, Weihnachtsbaum anders
1157 Täubner, Schöne Krippen
1089 Erlenmaier, Krippenfiguren aus Ton
1294 Möller, Krippenszenen Tonpapier
1247 Wetzel, Kinder basteln für Ostern
1000 Walz, Familienbasteln zu Ostern
1248 Holl, Freude am Frühling
1249 Möller, Osterbasteleien/Tonkarton
1191 Täubner, Fensterbilder plastisch
1243 –, Österliche Fensterbilder

Verschiedenes

539 Kühnemann, Nie mehr Langeweile
540 Kühnemann, Kindergeburtstag
1141 Fischer, Edelsteinbäumchen
699 Homeister, Genähte Fadenbilder
797 Zechlin, Kl. Geschenke + Mitbringsel
1152 Kurz, Geldgeschenke – originell
937 Laue, Hübsch verpacken
1132 –, Hübsch verp. f. Fortgeschrittene
1256 Blind, Tier. Verpackungen